Adição e Subtração

Livro de Atividades

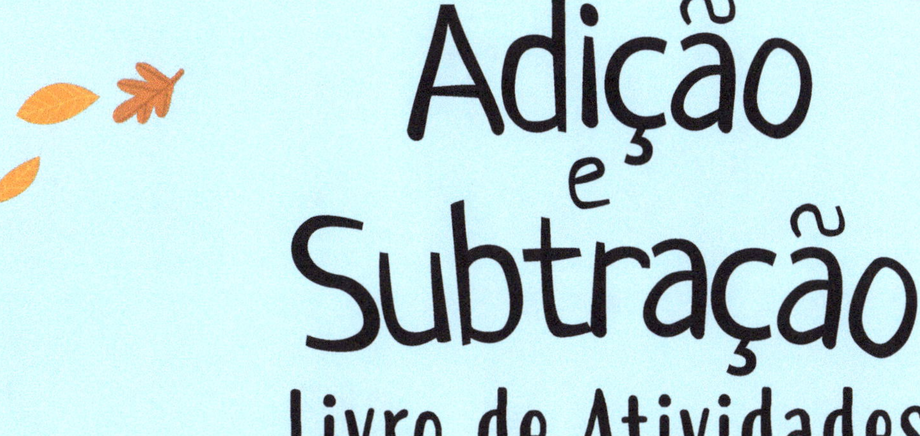

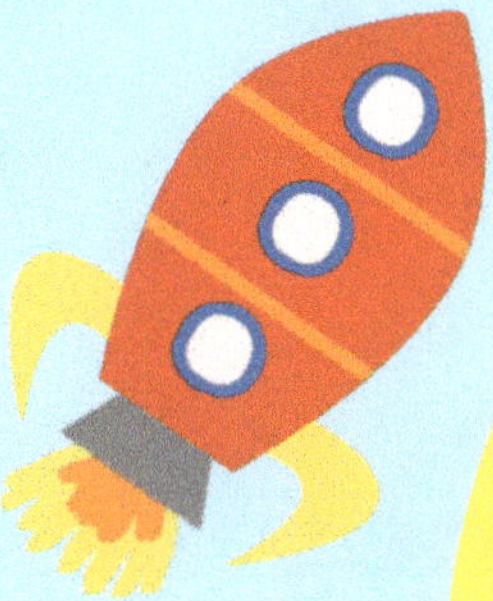

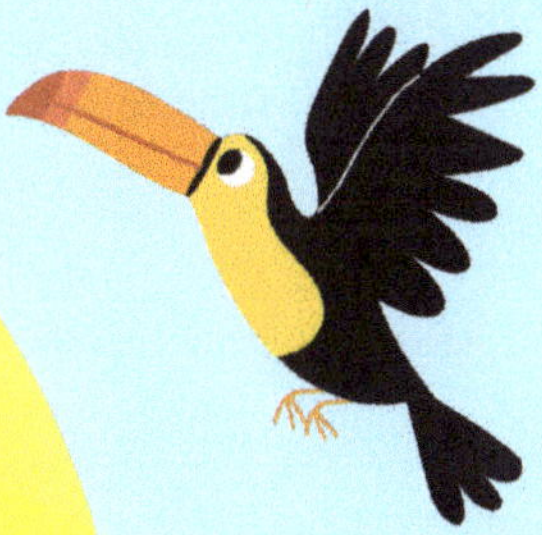

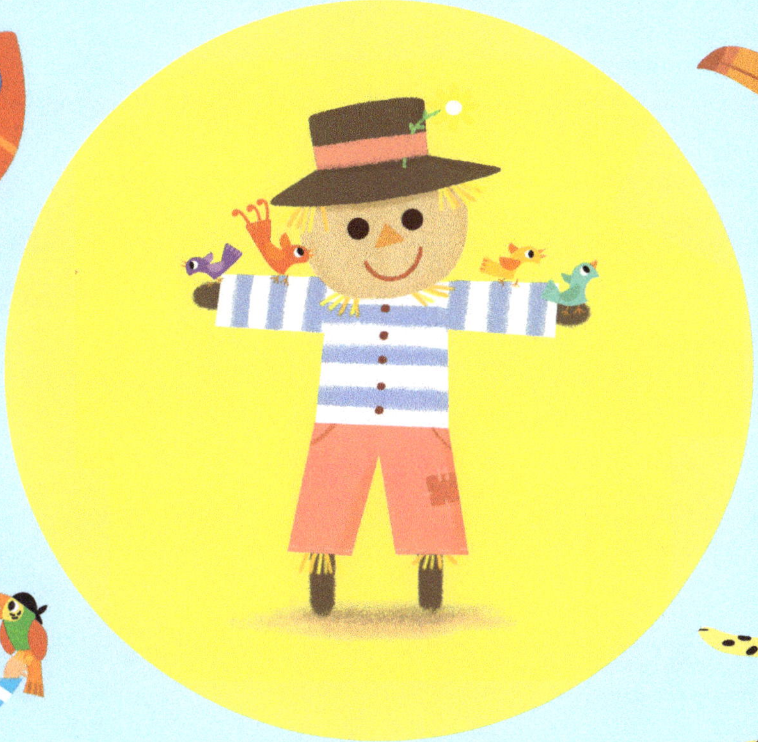

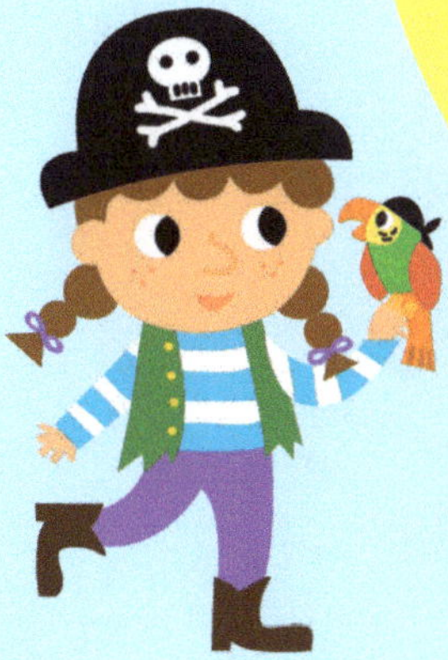

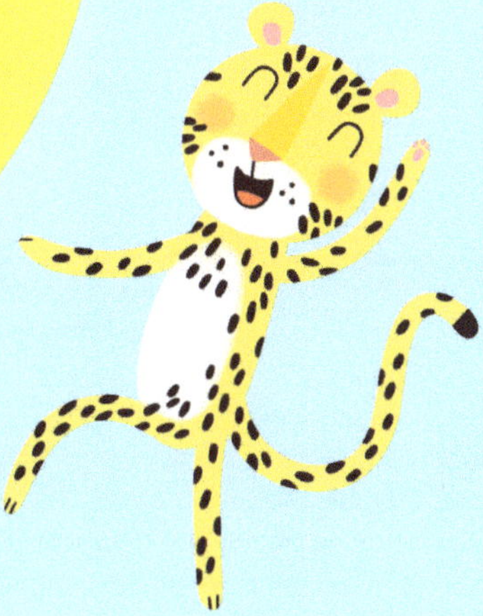

Penny Worms

Adding and Subtracting - Activity Book
Copyright © Arcturus Holdings Limited

Os direitos desta edição pertencem à
Pé da Letra Editora
Rua Coimbra, 255 - Jd. Colibri
Cotia, SP, Brasil
Tel.(11) 3733-0404
vendas@editorapedaletra.com.br
www.editorapedaletra.com.br

Esse livro foi elaborado e produzido pelo

Sr. ARANDA ESTÚDIO
☎ (11) 93020-0036

TRADUÇÃO E EDIÇÃO Fabiano Flaminio
AUTORA Penny Worms
ILUSTRAÇÕES Kasia Dudziuk
DESIGN Trudi Webb
DIAGRAMAÇÃO Adriana Oshiro
REVISÃO Larissa Bernardi

Dados Internacionais de Catalogação na Publicação (CIP)
Angélica Ilacqua - CRB-8/7057

Worms, Penny

    Adição e subtração : livro de atividades / Penny Worms ; tradução de Fabiano Flaminio. — Brasil : Pé da Letra, 2021.

96 p. : il., color.

ISBN: 978-65-5888-225-1

Título original : Adding and Subtracting - Activity Book

1. Literatura infantojuvenil - Livro de atividades
2. Matemática - Literatura infantojuvenil I. Título II. Flaminio, Fabiano

21-2210   CDD 028.5

Índices para catálogo sistemático:
1. Literatura infantojuvenil

Todos os direitos reservados. Nenhuma parte desta publicação pode ser reproduzida, armazenada em um sistema de recuperação ou transmitida, de qualquer forma ou por qualquer meio, eletrônico, mecânico, fotocopiador, de gravação ou outro, sem autorização prévia por escrito, de acordo com as disposições da Lei 9.610/98. Qualquer pessoa ou pessoas que pratiquem qualquer ato não autorizado em relação a esta publicação podem ser responsáveis por processos criminais e reclamações cíveis por danos. Esta editora empenhou-se em contatar os responsáveis pelos direitos autorais de todas as imagens e de outros materiais utilizados neste livro. Se, porventura, for constatada a omissão involuntária na identificação de algum deles, dispomo-nos a efetuar, futuramente, os possíveis acertos.

Índice

Vamos Escrever

Vamos aquecer escrevendo
os números de 1 a 10.

1		Um	
2		Dois	
3		Três	
4		Quatro	
5		Cinco	
6		Seis	
7		Sete	
8		Oito	
9		Nove	
10		Dez	

Vamos contar

Conte os peixes em cada grupo
e escreva o total nos boxes brancos ao lado.

Ligue os pontos

Conecte os pontos na sequência
de números de 1 a 20.

Ligue os pontos

Conecte os pontos na sequência de números começando no 20 até o 1.

# Contando lagartas

Complete com os números que estão faltando
nos corpos das lagartas.

1 2 4 6

2 3 4 7 9 11

4 5 7 8 10 12

Entrega domiciliar

Complete com os números das casas que estão em branco.

Um a mais e um a menos

Alguns desses carros estão sem o número de corrida. Escreva-os no carro da frente adicionando um número e, no carro de trás, subtraindo um.

Um a mais e um a menos

Escreva os números que são um a mais e um a menos
com relação aos números da coluna do meio.

Um a menos (subtraia 1)		Um a mais (adicione 1)
	8	
	9	
	5	
	6	
	4	
	10	
	3	
	2	
	7	

Ovos em abundância

Conte quantos ovos cada pato tem e,
então, adicione-os.

No mercado

Conte as frutas e vegetais e, então, adicione-os.
Escreva os números como o exemplo abaixo.

$$3 + 1 = 4$$

Festa das fadas

As fadas estão dando bolos na festa.
Quando um é tirado, quantos restam?

Macacos famintos

Os macacos comem uma banana de cada penca.
Quantas sobraram? Escreva os números como o exemplo abaixo.

3 − 1 = 2

Caranguejo Rastejante

Encontre as respostas para esses problemas de adição, usando a linha de números para contar.

Se o caranguejo rasteja sobre duas rochas, a que número de rocha ele chega?

$$1 + 2 =$$

A que número de rocha ele chega se rastejar mais duas?

$$3 + 2 =$$

A que número de rocha ele chega se rastejar mais quatro?

$$5 + 4 =$$

Na praia

0   1   2   3   4   5   6   7   8   9   10

$1 + 3 = \boxed{}$ $7 + 3 = \boxed{}$

$4 + 2 = \boxed{}$ $4 + 1 = \boxed{}$

$3 + 1 = \boxed{}$ $3 + 7 = \boxed{}$

$6 + 2 = \boxed{}$ $5 + 3 = \boxed{}$

$2 + 8 = \boxed{}$ $8 + 1 = \boxed{}$

Abelha Ocupada

Encontre as respostas para estes problemas de subtração, usando a linha da flor para contar para trás.

Se a abelha voa de volta duas flores, a que número de flor ela chega?

$$10 - 2 = \boxed{}$$

A que número de flor ela chega se voar de volta mais duas vezes?

$$8 - 2 = \boxed{}$$

A que número de flor ela chega se voar de volta mais quatro vezes?

$$6 - 4 = \boxed{}$$

Diversão florida

Ajude a abelha a encontrar as respostas para estes problemas.
Use a linha de números se for necessário.

0 1 2 3 4 5 6 7 8 9 10

10 − 1 =   9 − 3 =

10 − 6 =   6 − 4 =

7 − 3 =   2 − 1 =

5 − 4 =   10 − 3 =

3 − 2 =   8 − 5 =

Fazendo dez

Este vendedor de balões deve começar cada dia com 10 balões.
Desenhe os balões que faltam e escreva quantos você adicionou.

9 + ☐   8 + ☐   7 + ☐   6 + ☐

5 + ☐   4 + ☐   3 + ☐   2 + ☐   1 + ☐

Números de ligações

O macaco e o leopardo estão tentando pensar em alguns pares de números que somam 10. Estes são chamados de números de ligações. Você pode ajudar?

☐ + ☐ = 10

☐ + ☐ = 10

☐ + ☐ = 10

☐ + ☐ = 10

☐ + ☐ = 10

Dez passarinhos

Aqui estão dez passarinhos em uma árvore.
Quantos sobrariam se...

Um voou
para longe?

Dois voaram
para longe?

Três voaram
para longe?

Quatro
voaram
para longe?

Cinco voaram
para longe?

Seis voaram
para longe?

Sete voaram
para longe?

Oito voaram
para longe?

Nove voaram
para longe?

Dez voaram
para longe?

Tirando de 10

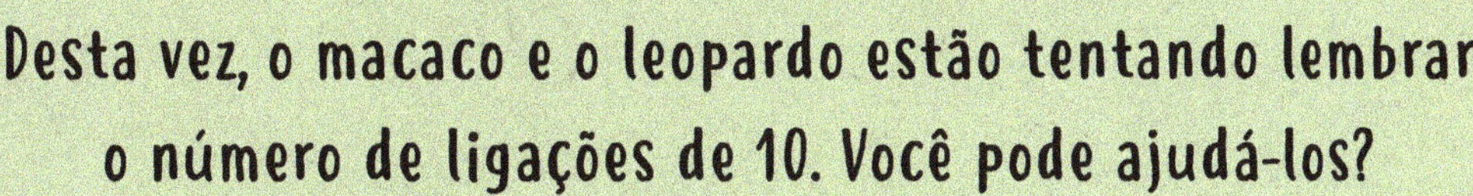

Desta vez, o macaco e o leopardo estão tentando lembrar
o número de ligações de 10. Você pode ajudá-los?

10   –   ☐   =   ☐

10   –   ☐   =   ☐

10   –   ☐   =   ☐

10   –   ☐   =   ☐

10   –   ☐   =   ☐

Carros movimentados

Conte abaixo os carrinhos de brinquedo de cada grupo.
Em seguida, some os grupos em cada problema.

salada de frutas

Quantos pedaços de frutas estão em cada grupo? Escreva esses números nos boxes em branco e, depois, some-os para encontrar a solução.

Adicionando e subtraindo o zero

Zero significa "nada". Descubra o que acontece quando você adiciona ou subtrai zero, respondendo a estas perguntas.

Você planta quatro abóboras, depois não planta mais. Quantas abóboras você tem?

4 + 0 =

Você planta cinco cenouras e não come nenhuma. Quantas cenouras você tem?

5 - 0 =

Você planta dez flores. Depois, não planta mais - nem corta nenhuma. Quantas flores você tem?

10 + 0 =   10 - 0 =

Adicionando pintinhos

Os filhotes estão nascendo.
Use-os para ajudar você com estes problemas de adição.

4 + 1 = ☐   1 + 4 = ☐

5 + 3 = ☐   3 + 5 = ☐

2 + 3 = ☐   3 + 2 = ☐

4 + 5 = ☐   5 + 4 = ☐

0 + 3 = ☐   3 + 0 = ☐

5 + 1 = ☐   1 + 5 = ☐

Pássaros bonitos

Resolva os problemas abaixo e use as respostas para pintar as aves.

Números faltando

A raposa e o coelho desejam preencher os números
que faltam nesses problemas. Você pode ajudar? 

2 + 6 = □   4 + □ = 4

1 + □ = 10   □ + 3 = 10

□ + 4 = 7   5 + 4 = □

2 + 7 = □   3 + □ = 9

4 + □ = 8   □ + 2 = 6

1 + 7 = □

Coleção de conchas

A sereia está dando algumas de suas conchas ao polvo.

Quantas ela ainda tem?

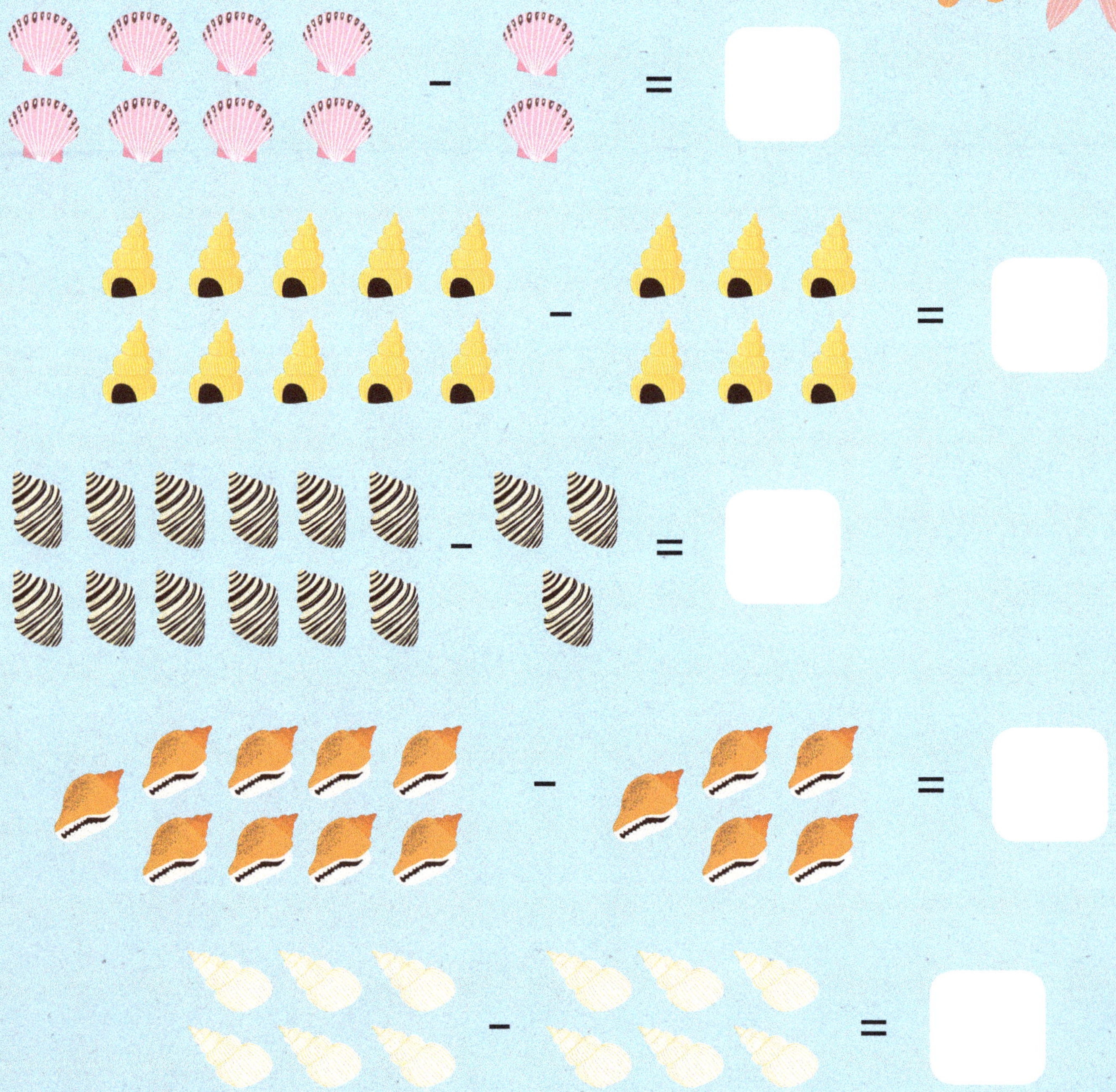

Venda de brinquedos

Após um dia agitado, calcule quantos
brinquedos a loja ainda tem.

Números faltando

O texugo e o ouriço desejam preencher os números que faltam nesses problemas. Você pode ajudar?

10 − 3 = ☐

8 − 1 = ☐

5 − ☐ = 4

10 − ☐ = 2

☐ − 6 = 2

☐ − 5 = 5

9 − 7 = ☐

9 − 2 = ☐

10 − ☐ = 10

4 − ☐ = 2

☐ − 0 = 6

☐ − 1 = 8

No litoral

Resolva cada problema e, depois, use a palavras-chaves para pintar as figuras.

Palavras-chaves

9 – 8 = marrom

5 – 3 = laranja

8 – 5 = azul-escuro

7 – 3 = rosa

6 – 1 = azul-claro

10 – 4 = amarelo

9 – 2 = vermelho

Sinais faltando

O gênio precisa adicionar ou subtrair para corrigir esses problemas? Ajude-o preenchendo com os sinais que faltam.

= 9

= 3

= 14

= 10

= 1

Rebanho de gado

Ajude o cowboy a descobrir se ele precisa colocar vacas nos currais ou levá-las embora. Ele precisa de 10 vacas em cada curral.

5 ☐ = 10

11 ☐ = 10

8 ☐ = 10

13 ☐ = 10

Duplicando os números

Desenhe o mesmo número de pontos da asa direita das borboletas para coincidir com a asa esquerda. Quantos pontos cada uma delas tem no total?

$$3 + 3 =$$

$$2 + 2 =$$

$$4 + 4 =$$

$$6 + 6 =$$

$$5 + 5 =$$

Números pela metade

Se você comer metade dos bolos de cada prato,
quantos sobrarão? Risque metade do valor total para descobrir.

6 - 3 =

2 - 1 =

10 - 5 =

8 - 4 =

4 - 2 =

Dobre a riqueza

Se o segundo baú do tesouro tiver o mesmo número
de moedas que o primeiro, quantas moedas no total o pirata terá?

Sai fora!

Esses espantalhos estão tentando assustar os pássaros. Quantos pássaros ainda estariam lá se metade dos pássaros em cada espantalho voasse para longe?

Combinar

Resolva os cálculos para ligar os filhotes de pinguim com seus pais.

Cálculos rápidos

Você pode vencer o robô? Veja com que rapidez
você pode fazer esses cálculos.

10 + 0 =   11 – 6 =

5 – 1 =   3 + 2 =

6 + 3 =   6 – 4 =

8 + 2 =   9 + 1 =

4 + 4 =   7 – 2 =

8 – 7 =   1 + 10 =

Dia de corrida

De quantas crianças a mais eles precisam nas equipes B para fazer de cada corrida uma competição justa? Escreva o número nos boxes ao lado.

Quota justa

Ajude Mia e Mika a compartilhar tudo igualmente, movendo as coisas de um estojo para o outro. Escreva quantas coisas cada um deles deve ter.

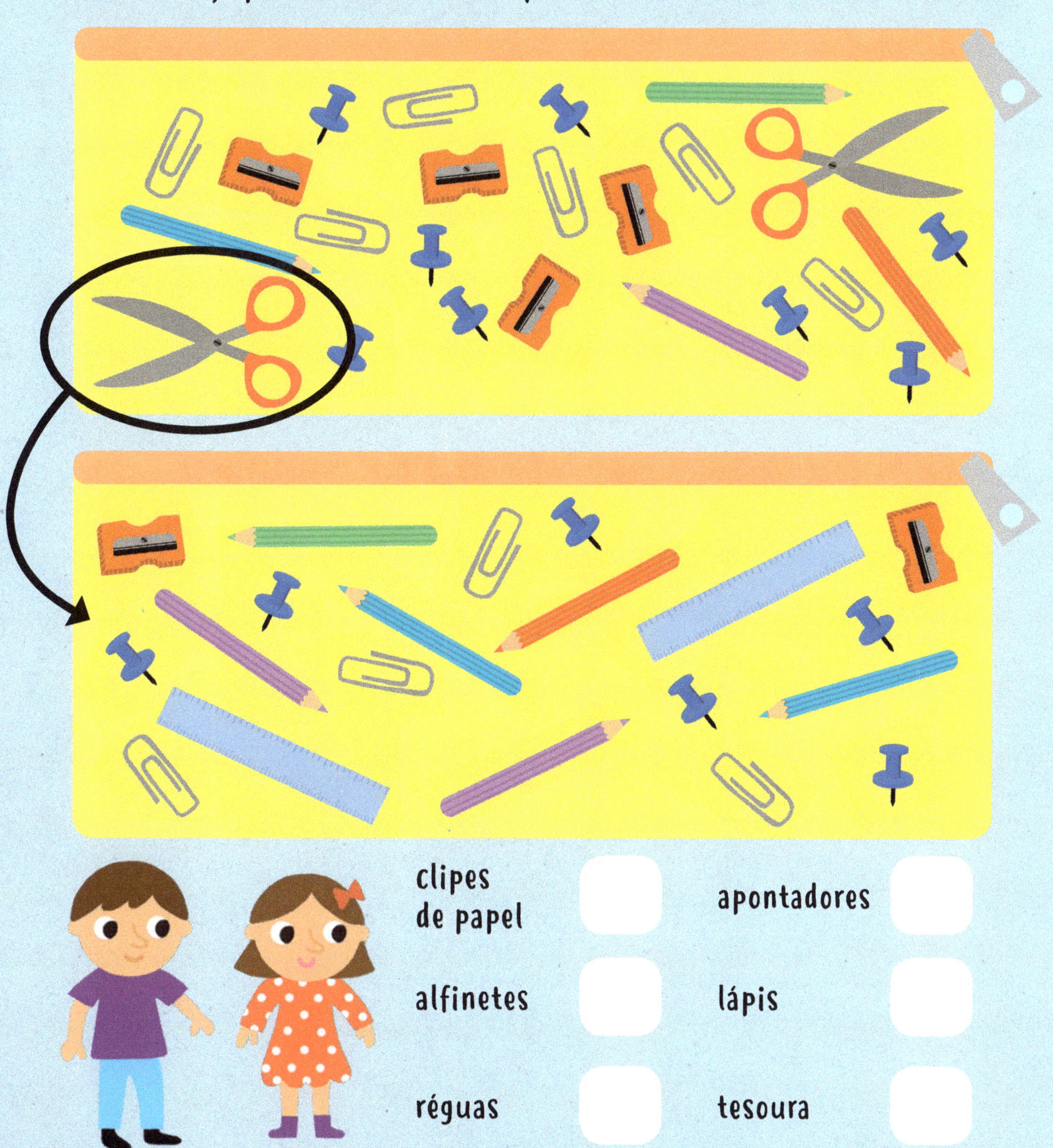

Quantos mais?

Conte os insetos em cada grupo. Compare os números
e anote quantos há a mais em um deles.

A mais

A mais

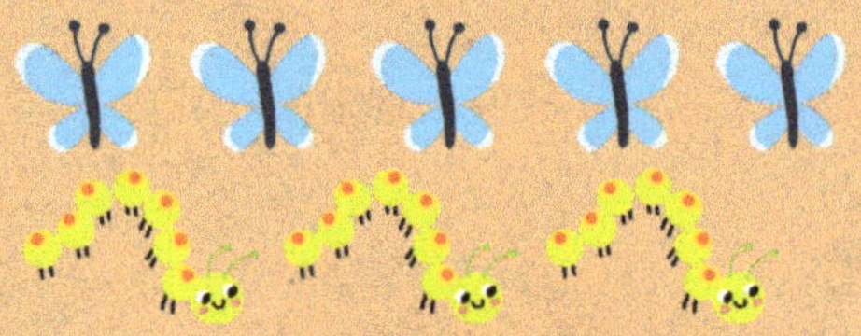

A mais

A mais

Comparando árvores

Conte as folhas das árvores. Compare os números e, a seguir, escreva quantas a menos há nas árvores à direita.

folhas a menos

folhas a menos

folhas a menos

Qual é a diferença?

Conte o número de animais em cada imagem
e descubra a diferença entre eles.

Diferença numérica

Calcule as diferenças nessas duas colunas de números
e decida se B é maior ou menor que A. A primeira já foi feita para você.

A	B	Diferença	
8	2	6	maior / (menor)
10	12		maior / menor
7	6		maior / menor
9	3		maior / menor
2	8		maior / menor
5	9		maior / menor
7	5		maior / menor
11	10		maior / menor

Contagem em dezenas

O garoto quer contar os livros nas prateleiras da biblioteca. Se há 10 livros em cada prateleira, quantos são no total? Preencha os boxes brancos enquanto você conta.

Chita veloz

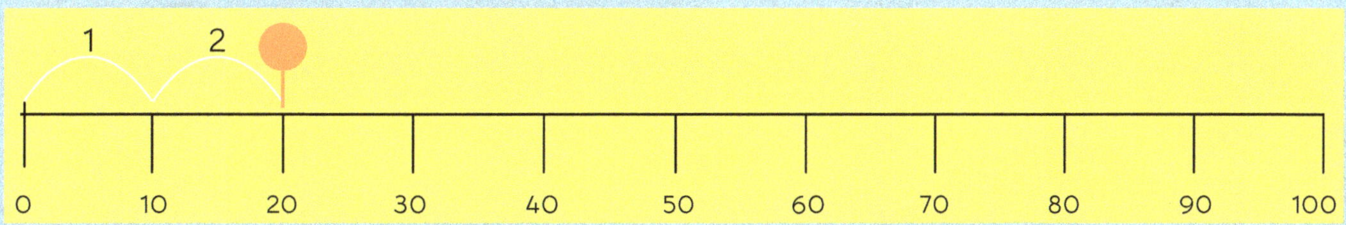

A chita pode correr muito rápido. Ela pode chegar ao 20 em apenas 2 saltos. Você pode descobrir as respostas para as perguntas abaixo?

A que número ela chega em três saltos?

A que número ela chega em quatro saltos?

A que número ela chega em cinco saltos?

A que número ela chega em seis saltos?

A que número ela chega em oito saltos?

A que número ela chega em dez saltos?

Tentáculo de dezenas

Você pode completar essas sequências numéricas nos tentáculos do polvo, contando em dezenas?

Parede

Os construtores estão fazendo uma parede com 10 tijolos de largura.
Escreva quantos tijolos há na parede em cada estágio abaixo.

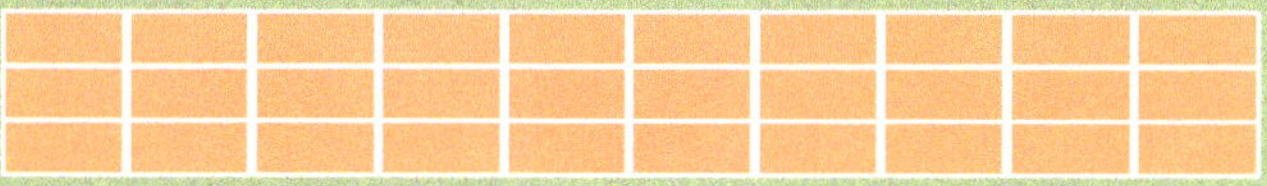

Adicione 10

Essas rãs estão pulando em 10 segundos. Você pode escrever nos números que faltam, seguindo os exemplos? Use a linha numérica para ajudá-lo.

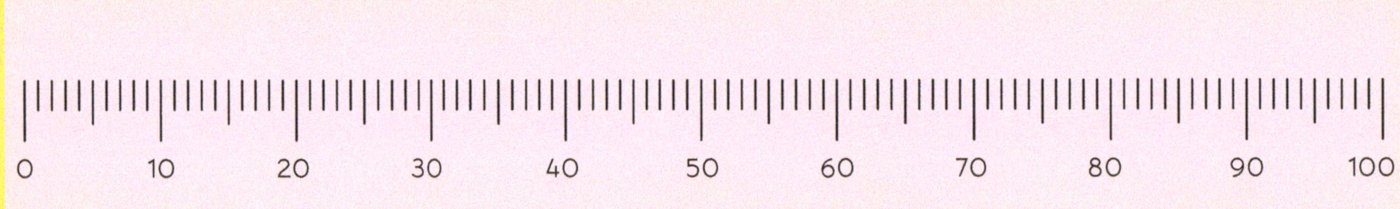

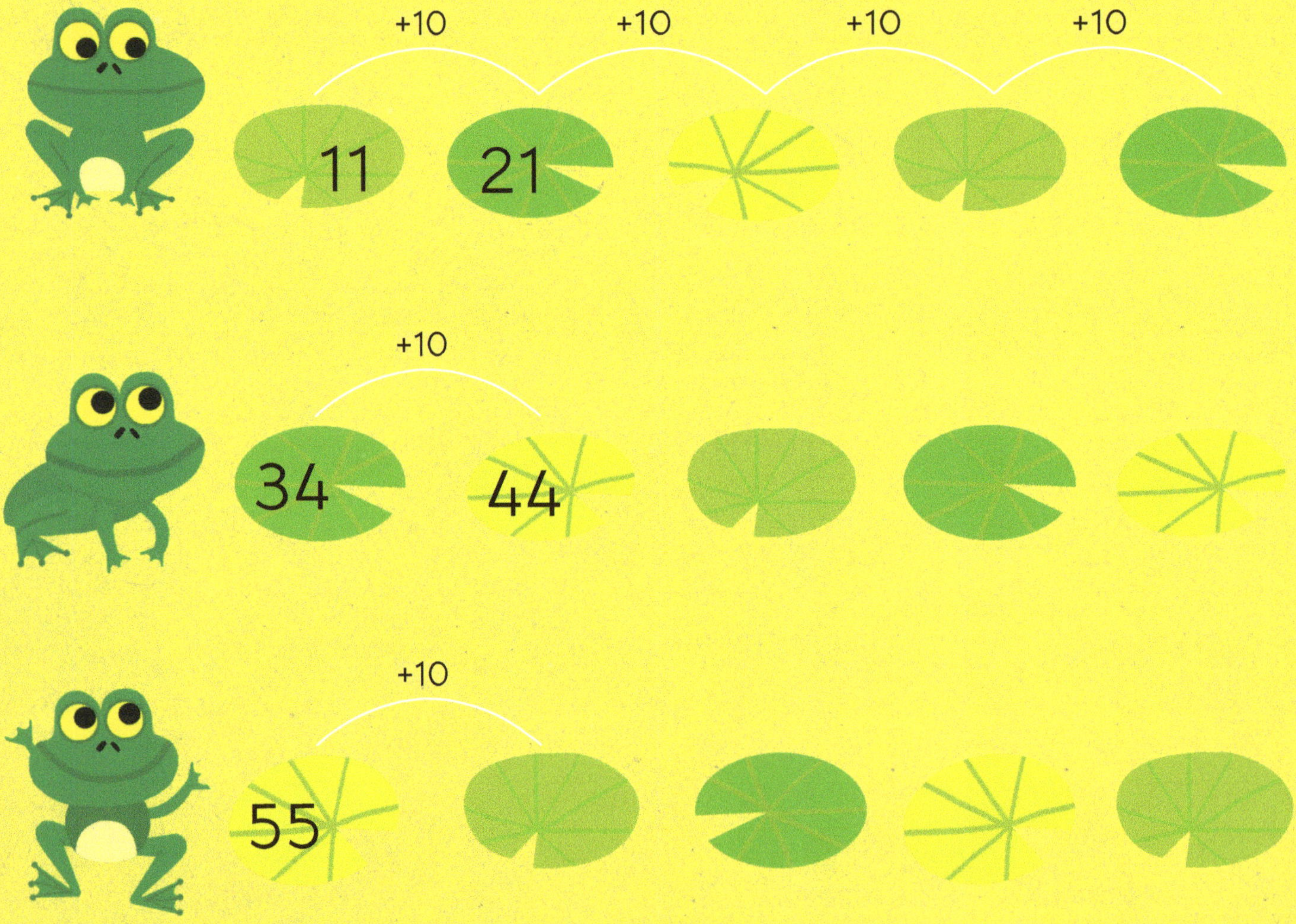

+10   +10   +10   +10

11   21

+10

34   44

+10

55

Adicione 10

O cavaleiro recebe 10 moedas de ouro a cada semana. Quanto ele tem para gastar?

$5 + 10 =$

$3 + 10 =$

$9 + 10 =$

$8 + 10 =$

$4 + 10 =$

$1 + 10 =$

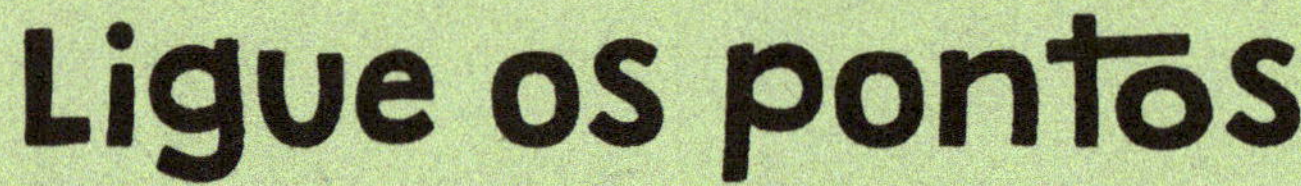

Ligue os pontos

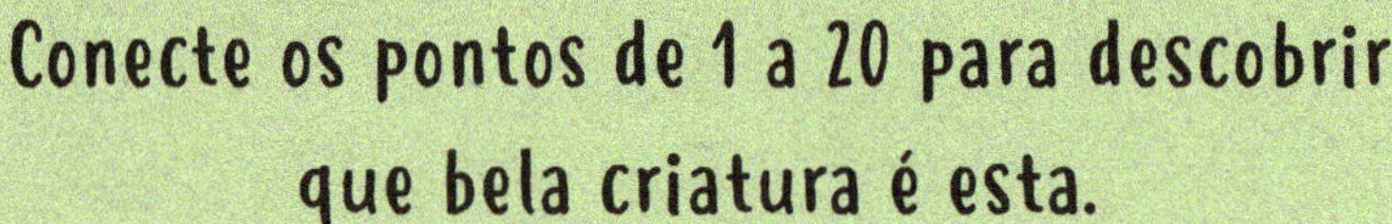

Conecte os pontos de 1 a 20 para descobrir
que bela criatura é esta.

Siga o caminho

Ajude o mamute a chegar a seu amigo preenchendo
no gelo os números que faltam de 1 a 20.

1   2   6

12

14

20

Combine

Ajude o texugo e o rato a combinar as pipas
para que cada par some 20.

Números de ligações para 20

A aranha e a borboleta estão tentando pensar em dois números que a soma será 20. Você pode ajudá-las?

[ ] + 1 = 20

18 + [ ] = 20

3 + [ ] = 20

[ ] + 16 = 20

[ ] + 5 = 20

Vinte nozes

O esquilo coleta 20 nozes para o inverno, mas sua irritante irmã continua roubando algumas! Quantas ela ainda tem deixado de cada vez?

Fazendo 20

Agora, a aranha e a borboleta precisam descobrir quais números estão faltando nesses problemas. Você pode ajudá-las?

15 + ☐ = 20   20 − ☐ = 12

☐ + 7 = 20   20 − 9 = ☐

10 + ☐ = 20   20 − ☐ = 18

☐ + 2 = 20   20 − 14 = ☐

17 + ☐ = 20   20 − ☐ = 1

 # Mercado mágico 

Os vendedores no mercado são ótimos em adicionar. Descubra se você seria um bom comerciante respondendo a esses problemas o mais rápido possível.

10 + 6 =

11 + 5 =

15 + 3 =

16 + 4 =

20 + 1 =

24 + 0 =

19 + 1 =

10 + 4 =

11 + 9 =

14 + 5 =

13 + 2 =

12 + 8 =

Quanto custa?

Esta banca está vendendo lâmpadas. Observe abaixo para saber quanto custa cada uma delas. Some cada par para encontrar o total, seguindo o exemplo.

10	20	30	5	8	4

10 + 5 = **15**

+ =

+ =

+ =

+ =

+ =

+ =

+ =

Passando por 10

Descubra as respostas para estes problemas. Use parte do segundo número para arredondar o primeiro número para 10 e, depois, acrescente as unidades restantes. Siga o exemplo.

8 + 6 = 14

9 + 7 =

7 + 8 =

Voltando

Descubra as respostas para estes problemas. Use parte do segundo
número para arredondar para 10, depois subtraia
as unidades restantes. Siga o exemplo.

14 – 8 = 6

17 – 9 =

16 – 8 =

Jogo de Dino

Ligue os problemas com as respostas.

8 + 6

9 + 2

5 + 7

15

17

11

14

13

12

9 + 8

7 + 8

6 + 7

Subtraia os sorvetes

Esta vendedora de sorvetes deve fazer a subtração o dia todo!
Ajude-a completando estes problemas.

54 − 4 =

20 − 7 =

18 − 7 =

12 − 9 =

39 − 6 =

25 − 4 =

Coala Esfomeado

O coala coletou 100 folhas de eucalipto. Ele come 10 por dia.
Calcule quantas ele terá deixado em dias diferentes,
respondendo às perguntas nas linhas abaixo.

Quantas restarão depois de dois dias?

$$100 - 20 = \boxed{}$$

Quantas restarão depois de três dias?

$$80 - 10 = \boxed{}$$

Quantas restarão depois de cinco dias?

$$70 - 20 = \boxed{}$$

Quantas restarão depois de seis dias?

$$50 - 10 = \boxed{}$$

Quantas restarão depois de nove dias?

$$40 - 30 = \boxed{}$$

Canguru Saltitante

Se o canguru pode saltar 20 casas nestas linhas num só salto, marque o lugar a que esta mamãe canguru chega em dois saltos. O primeiro já foi feito para você.

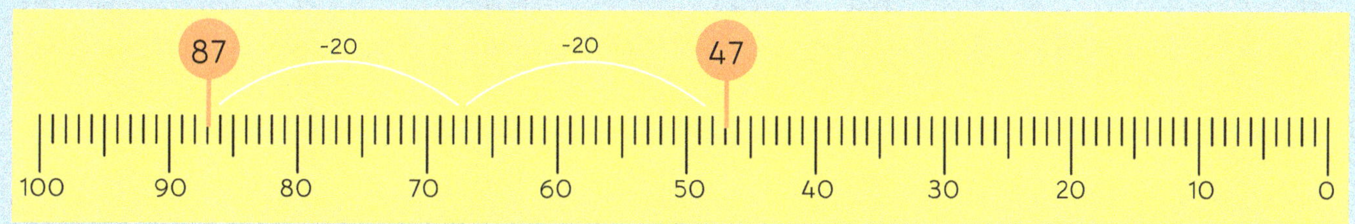

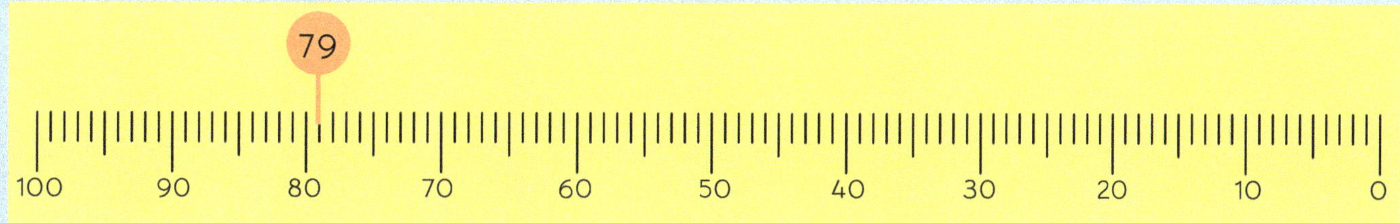

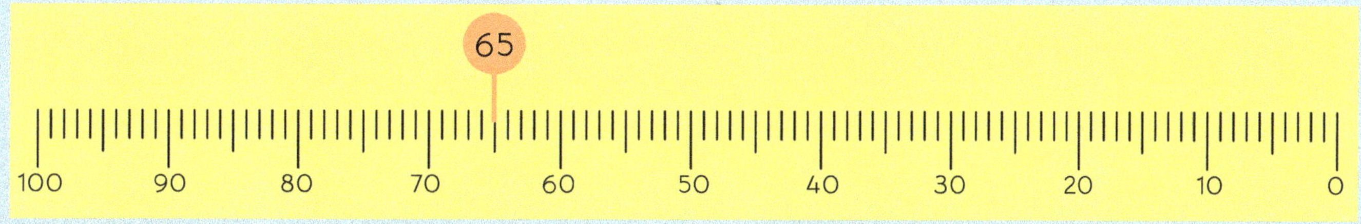

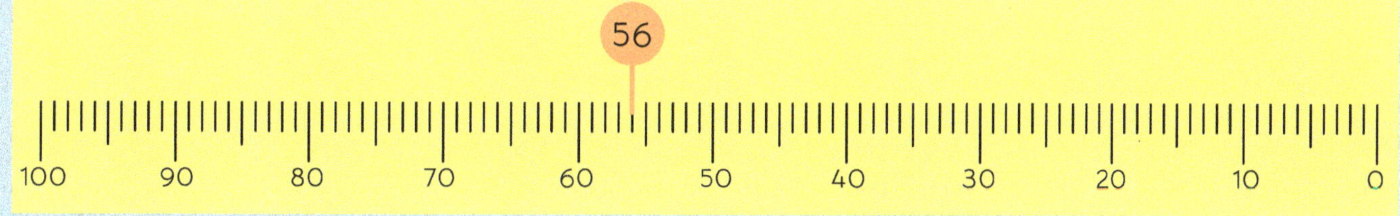

Fazendo 100

O crocodilo deve anotar os números que somam 100 quando adicionados aos números do panda. Você pode ajudá-lo?

30 + ☐ = 100

45 + ☐ = 100

81 + ☐ = 100

74 + ☐ = 100

63 + ☐ = 100

22 + ☐ = 100

59 + ☐ = 100

6 + ☐ = 100

Subtraia de 100

Ligue as respostas com os problemas.

100 − 96 =

100 − 53 =

100 − 40 =

79

60

4

16

55

47

100 − 84 =

100 − 45 =

100 − 21 =

O dobro do valor

O ladrão de artes quer um quadro que vale o dobro
da quantidade mostrada em sua tela. Você pode ajudá-lo?

35

70   60   80

111

122   222   220

52

140   102   104

200

400   40   4000

Meio tempo

Os carros fizeram três voltas na pista de corrida.
Calcule o tempo do carro vermelho para cada volta se esse valor
for sempre a metade do tempo do carro azul.

Pirâmides de números

Estas pirâmides têm três números cada uma. Você pode escrever abaixo os dados de adição e subtração, seguindo o exemplo?

Pirâmide 1: 100 / 96 / 4

96	+	4	=	100
4	+	96	=	100
100	−	4	=	96
100	−	96	=	4

Pirâmide 2: 80 / 35 / 45

	+		=	
	+		=	
	−		=	
	−		=	

Pirâmide 3: 55 / 23 / 32

	+		=	
	+		=	
	−		=	
	−		=	

Pirâmide 4: 49 / 28 / 21

	+		=	
	+		=	
	−		=	
	−		=	

Pirâmides de números

Agora, encontre o resultado que está
incorreto em cada pirâmide!

67

43 **24**

43	+	24	=	67
24	+	43	=	67
43	−	24	=	67
67	−	43	=	24

110

60 **50**

110	+	50	=	60
60	+	50	=	110
110	−	50	=	60
110	−	60	=	50

32

15 **17**

15	+	17	=	32
32	+	17	=	15
32	−	17	=	15
32	−	15	=	17

72

49 **23**

49	+	23	=	72
23	+	49	=	72
49	−	72	=	23
72	−	49	=	23

A resposta é 48

O rei deu um desafio ao cavaleiro. Todas estas operações têm a resposta 48, exceto uma. Você pode ajudá-lo a encontrá-la?

6 + 42

25 + 13

Dobro de 24

78 − 30

19 + 29

38 + 10

Metade de 96

50 − 2

20 + 28

100 − 52

Dez a mais e dez a menos

Escreva nos números que são dez a mais e dez a menos
que os números da coluna do meio.

Dez a mais (adicione 10)		Dez a menos (subtraia 10)
	19	
	30	
	42	
	58	
	63	
	75	
	82	
	91	
	116	

salto no espaço

Para chegar ao planeta, o foguete deve atravessar as estrelas
que são 10 a mais do que a estrela anterior. Mapeie a rota.

A roda gigante

Você pode preencher as respostas que faltam
nesta roda gigante, subtraindo 10 de cada número?

Comprando doces

As crianças estão escolhendo as guloseimas para comprar.
Escreva quanto cada combinação lhes custará.

☐ + ☐ = ☐   ☐ + ☐ = ☐

☐ + ☐ = ☐   ☐ + ☐ = ☐

☐ + ☐ = ☐   ☐ + ☐ = ☐

Quanto custa?

Qual saco de dinheiro vai comprar qual casa de guloseimas?
Use a dica para encontrar o valor de cada saco de moedas.

= 50 = 20 = 10

Na selva

Leia as perguntas e escreva
abaixo os cálculos que você precisa
fazer para encontrar as respostas.

Uma preguiça dorme durante
23 horas por dia. Uma onça-
pintada dorme 9 horas por
dia. Qual é a diferença?

Das 100 borboletas, 60 são
do sexo masculino. Quantas
são do sexo feminino?

Dos 30 macacos na selva,
15 estão dormindo.
Quantos estão acordados?

Um macaco come 13 bananas
por dia. Quantas bananas
come em dois dias?

Centenas, dezenas e unidades

Coloque estes números nas colunas corretas.

	Centenas	Dezenas	Unidades
6			
60			
600			
10			
11			
111			
55			
550			
551			

Números de trens

Se os números em cada trem somam 200,
quais são os números que faltam nas máquinas?

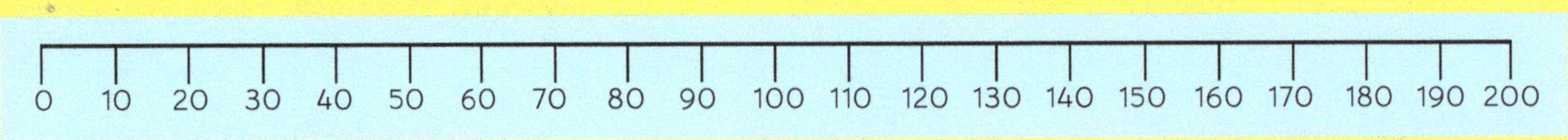

Totais de brinquedos

Você pode calcular o preço de cada brinquedo?
Os números no topo e à direita são os totais das linhas e colunas.

52	16	12	
			42
			32
			6

Fui às compras

Chapeuzinho Vermelho vai todos os dias às compras para sua avó.
Some o quanto ela gasta cada vez e escreva nas respostas.

5 10 20 15 2

Dia 1 + + =

Dia 2 + + + =

Dia 3 + + + =

Dia 4 + + + + =

Dia 5 + + + =

Qual é o troco?

Se a Chapeuzinho Vermelho tem 50 moedas para gastar,
quanto ela recebe de troco depois de comprar cada cesta de compras?

48

50 − 48 = 2

34

50

45

35

38

30

29

37

Hora da brincadeira

Os animais têm números em suas pipas.
Use-os para encontrar as respostas
para os problemas abaixo.

Subtraia o número do cão do
número do porco-espinho

A diferença entre o número
da raposa e o do coelho

Adicione o número do texugo
ao do porco-espinho

Dobre o número do texugo e,
depois, subtraia o da raposa

Respostas

5. Vamos contar

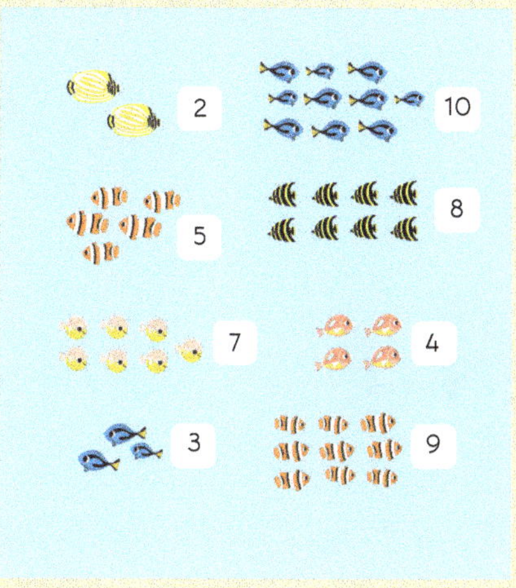

6. Ligue os pontos

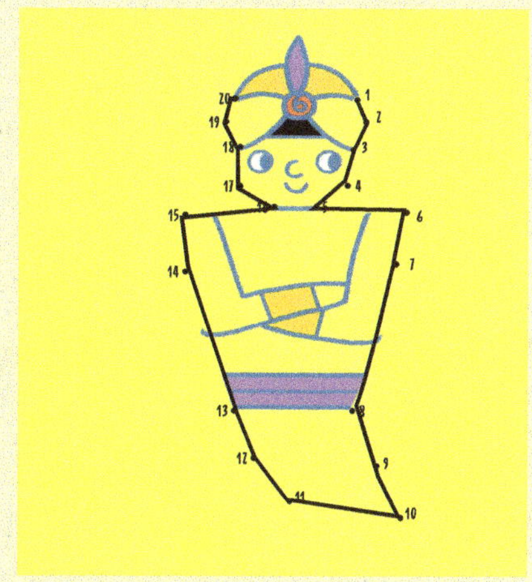

7. Ligue os pontos

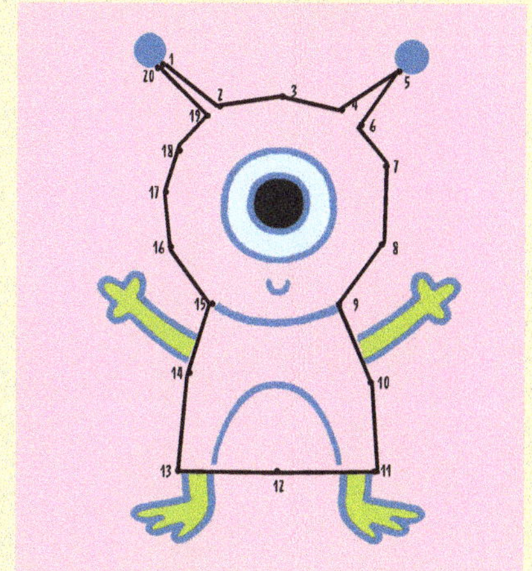

8. Contando lagartas

9. Entrega domiciliar

10. Um a mais e um a menos

11. Um a mais e um a menos

um a menos (subtraia 1)		um a mais (some 1)
7	8	9
8	9	10
4	5	6
5	6	7
3	4	5
9	10	11
2	3	4
1	2	3
6	7	8

12. Ovos em abundância

$$+ \quad = 2$$
$$+ \quad = 5$$
$$+ \quad = 3$$
$$+ \quad = 6$$
$$+ \quad = 4$$

13. No mercado

$$3 + 1 = 4 \qquad 8 + 1 = 9$$
$$9 + 1 = 10 \qquad 3 + 1 = 4$$
$$6 + 1 = 7$$

14. Festa das fadas

$$- \quad = 1$$
$$- \quad = 2$$
$$- \quad = 4$$
$$- \quad = 3$$
$$- \quad = 5$$

15. Macacos famintos

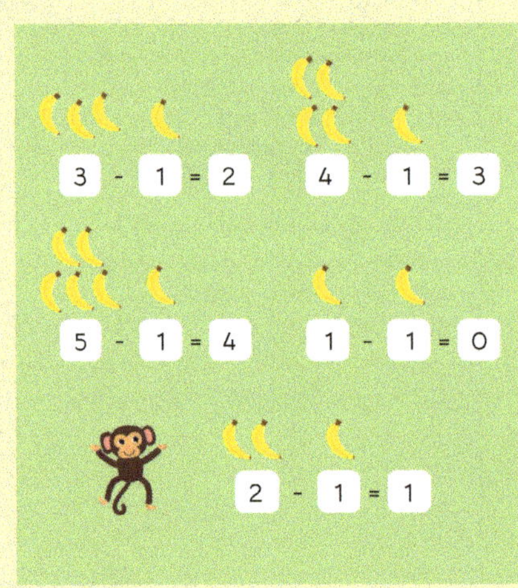

$$3 - 1 = 2 \qquad 4 - 1 = 3$$
$$5 - 1 = 4 \qquad 1 - 1 = 0$$
$$2 - 1 = 1$$

16. Caranguejo rastejante

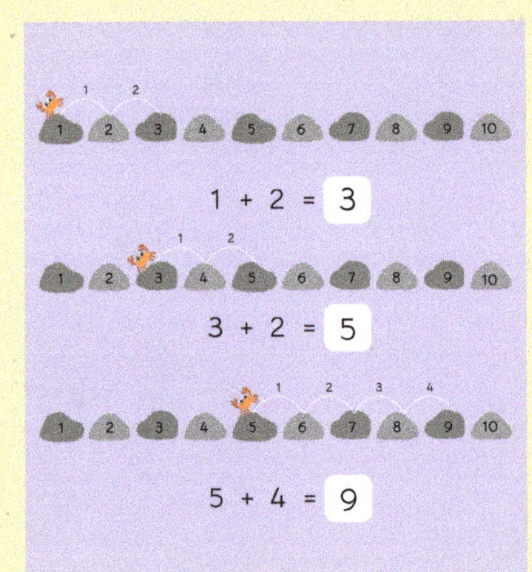

$$1 + 2 = 3$$
$$3 + 2 = 5$$
$$5 + 4 = 9$$

17. Na praia

$$1 + 3 = 4 \qquad 7 + 3 = 10$$
$$4 + 2 = 6 \qquad 4 + 1 = 5$$
$$3 + 1 = 4 \qquad 3 + 7 = 10$$
$$6 + 2 = 8 \qquad 5 + 3 = 8$$
$$2 + 8 = 10 \qquad 8 + 1 = 9$$

18. Abelha ocupada

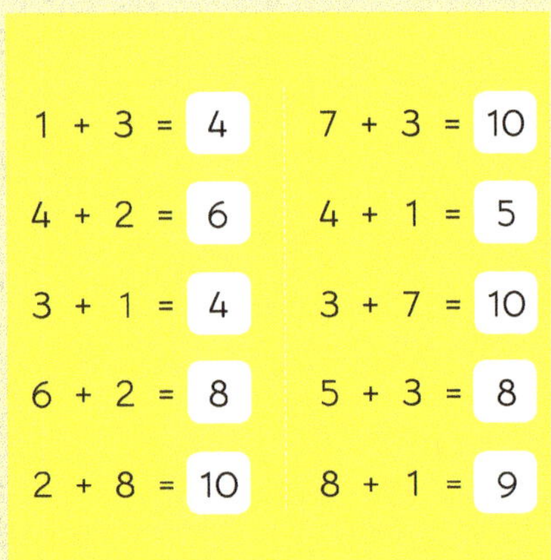

$$10 - 2 = 8$$
$$8 - 2 = 6$$
$$6 - 4 = 2$$

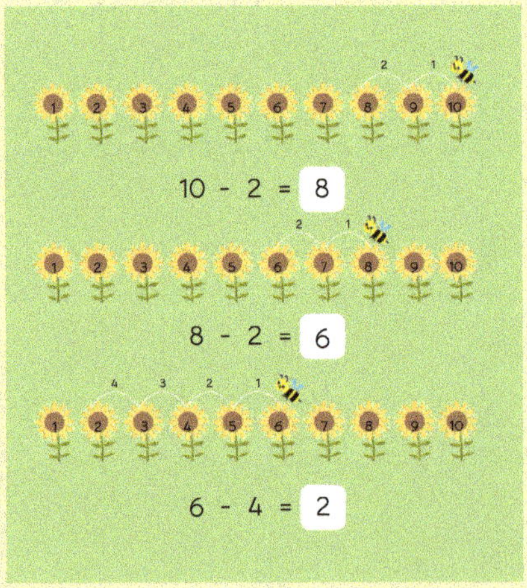

19. Diversão florida

$$10 - 1 = 9 \qquad 9 - 3 = 6$$
$$10 - 6 = 4 \qquad 6 - 4 = 2$$
$$7 - 3 = 4 \qquad 2 - 1 = 1$$
$$5 - 4 = 1 \qquad 10 - 3 = 7$$
$$3 - 2 = 1 \qquad 8 - 5 = 3$$

20. Fazendo dez

21. Números de ligações

$$9 + 1 = 10$$
$$8 + 2 = 10$$
$$7 + 3 = 10$$
$$6 + 4 = 10$$
$$5 + 5 = 10$$

22. Dez passarinhos

23. Tirando de 10

$$10 - 9 = 1$$
$$10 - 8 = 2$$
$$10 - 7 = 3$$
$$10 - 6 = 4$$
$$10 - 5 = 5$$

24. Carros movimentados

25. Salada de frutas

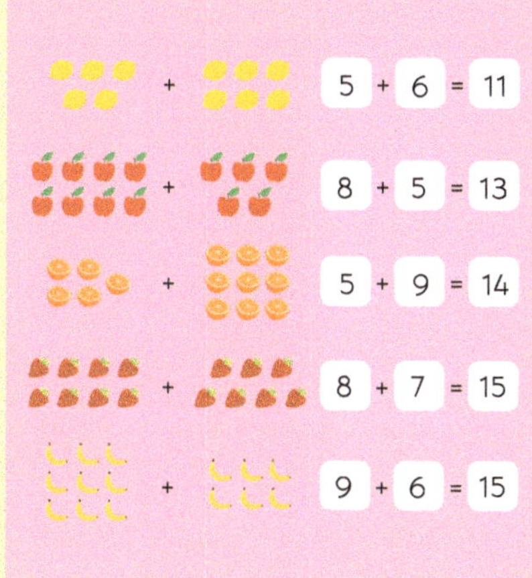

26. Adicionando e subtraindo o 0

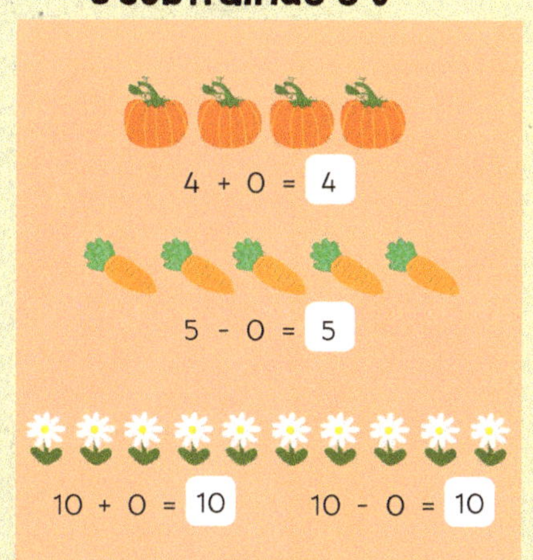

27. Adicionando pintinhos

$$4 + 1 = 5 \qquad 1 + 4 = 5$$
$$5 + 3 = 8 \qquad 3 + 5 = 8$$
$$2 + 3 = 5 \qquad 3 + 2 = 5$$
$$4 + 5 = 9 \qquad 5 + 4 = 9$$
$$0 + 3 = 3 \qquad 3 + 0 = 3$$
$$5 + 1 = 6 \qquad 1 + 5 = 6$$

28. Pássaros bonitos

29. Números faltando

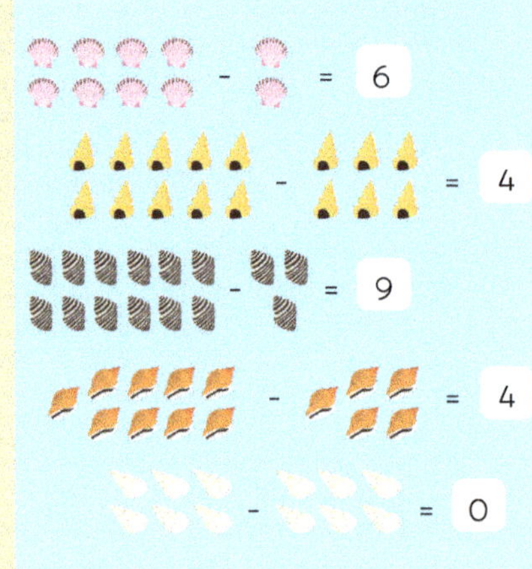

2 + 6 = 8   4 + 0 = 4
1 + 9 = 10   7 + 3 = 10
3 + 4 = 7   5 + 4 = 9
2 + 7 = 9   3 + 6 = 9
4 + 4 = 8   4 + 2 = 6
1 + 7 = 8

30. Coleção de conchas

- = 6
- = 4
- = 9
- = 4
- = 0

31. Venda de brinquedos

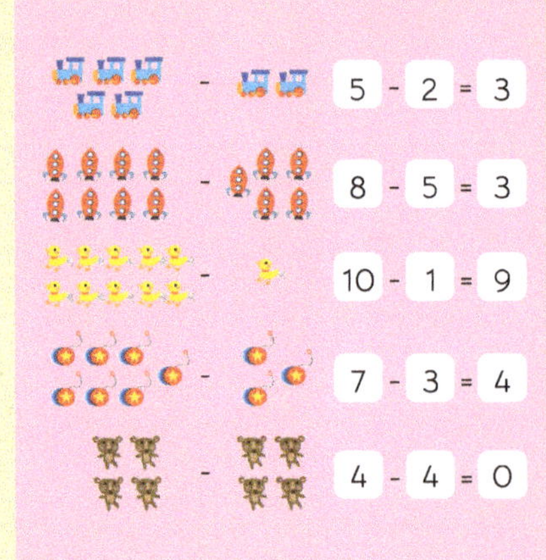

- 5 - 2 = 3
- 8 - 5 = 3
- 10 - 1 = 9
- 7 - 3 = 4
- 4 - 4 = 0

32. Números faltando

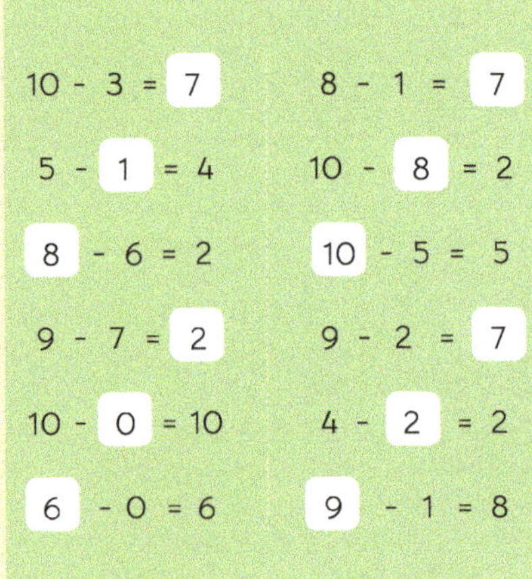

10 - 3 = 7   8 - 1 = 7
5 - 1 = 4   10 - 8 = 2
8 - 6 = 2   10 - 5 = 5
9 - 7 = 2   9 - 2 = 7
10 - 0 = 10   4 - 2 = 2
6 - 0 = 6   9 - 1 = 8

33. No litoral

34. Sinais faltando

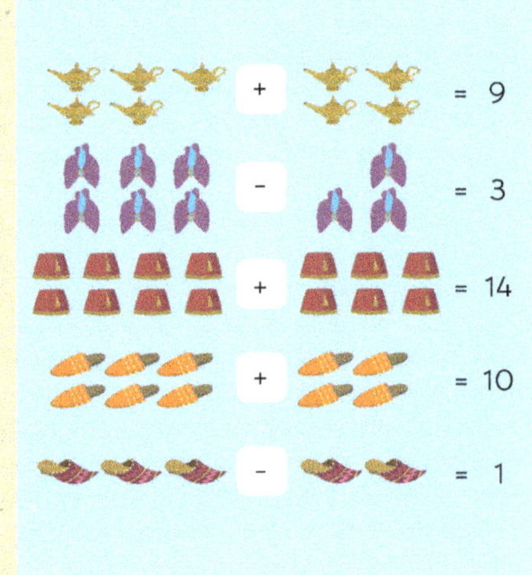

+ = 9
- = 3
+ = 14
+ = 10
- = 1

35. Rebanho de gado

5 + 5 = 10   11 - 1 = 10
8 + 2 = 10   13 - 3 = 10

36. Duplicando os números

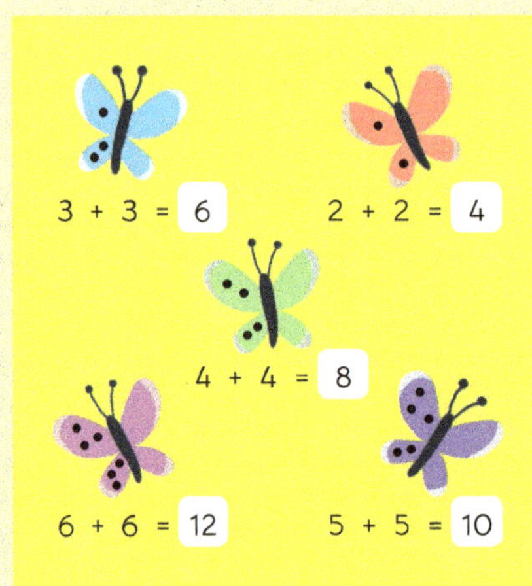

3 + 3 = 6   2 + 2 = 4
4 + 4 = 8
6 + 6 = 12   5 + 5 = 10

37. Números pela metade

6 - 3 = 3   2 - 1 = 1
10 - 5 = 5
8 - 4 = 4   4 - 2 = 2

38. Dobre a riqueza

39. Sai fora!

40. Combinar

41. Cálculos rápidos

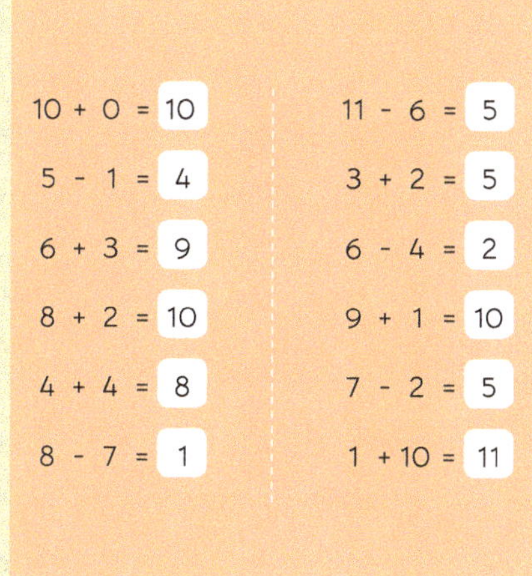

42. Dia de corrida

43. Quota justa

44. Quantos mais

45. Comparando árvores

46. Qual é a diferença?

47. Diferença numérica

8	2	6	mais / **menos**
10	12	2	**mais** / menos
7	6	1	**mais** / menos
9	3	6	**mais** / menos
2	8	6	**mais** / menos
5	9	4	mais / **menos**
7	5	2	**mais** / menos
11	10	1	mais / **menos**

48. Contagem em dezenas

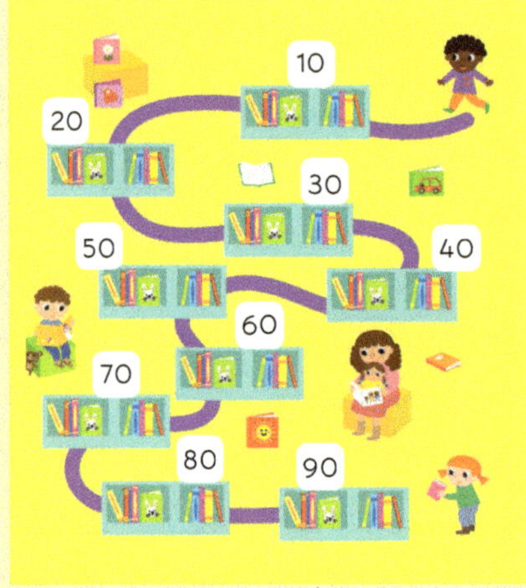

49. Chita veloz

A que número ela chega em três saltos?	30
A que número ela chega em quatro saltos?	40
A que número ela chega em cinco saltos?	50
A que número ela chega em seis saltos?	60
A que número ela chega em oito saltos?	80
A que número ela chega em dez saltos?	100

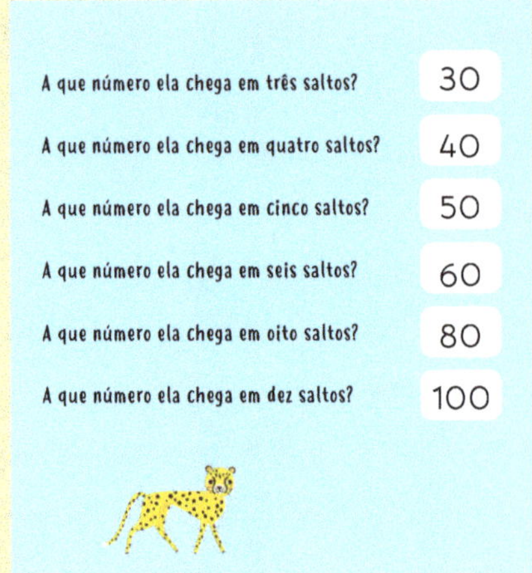

50. Tentáculo de dezenas

51. Parede

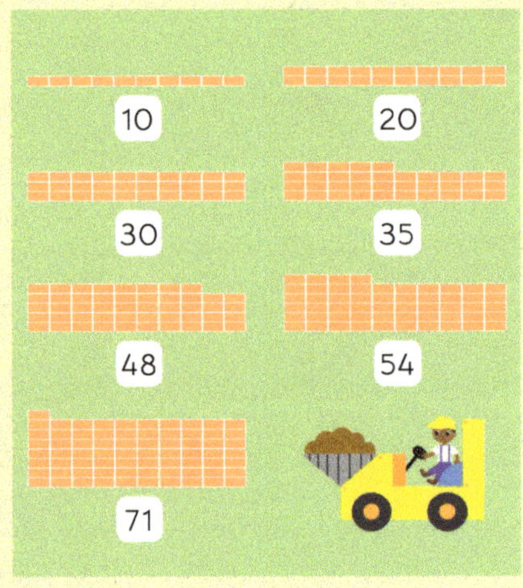

52. Adicione 10

53. Adicione 10

54. Ligue os pontos

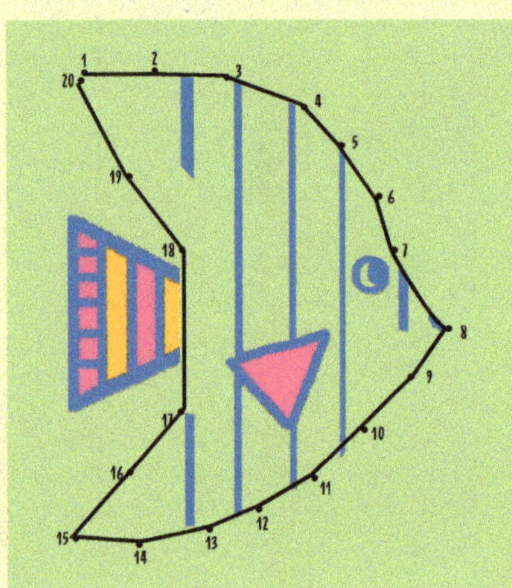

55. Siga o caminho

56. Combine

57. Números de ligações para 20

$$19 + 1 = 20$$
$$18 + 2 = 20$$
$$3 + 17 = 20$$
$$4 + 16 = 20$$
$$15 + 5 = 20$$

58. Vinte nozes

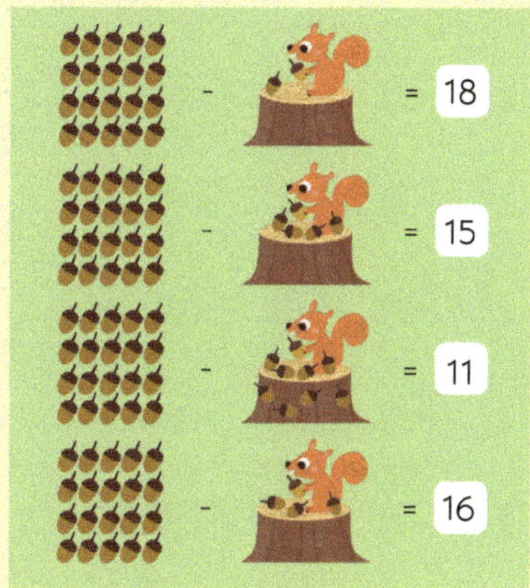

59. Fazendo 20

$$15 + 5 = 20 \qquad 20 - 8 = 12$$
$$13 + 7 = 20 \qquad 20 - 9 = 11$$
$$10 + 10 = 20 \qquad 20 - 2 = 18$$
$$18 + 2 = 20 \qquad 20 - 14 = 6$$
$$17 + 3 = 20 \qquad 20 - 19 = 1$$

60. Mercado mágico

$$10 + 6 = 16 \qquad 19 + 1 = 20$$
$$11 + 5 = 16 \qquad 10 + 4 = 14$$
$$15 + 3 = 18 \qquad 11 + 9 = 20$$
$$16 + 4 = 20 \qquad 14 + 5 = 19$$
$$20 + 1 = 21 \qquad 13 + 2 = 15$$
$$24 + 0 = 24 \qquad 12 + 8 = 20$$

61. Quanto custa?

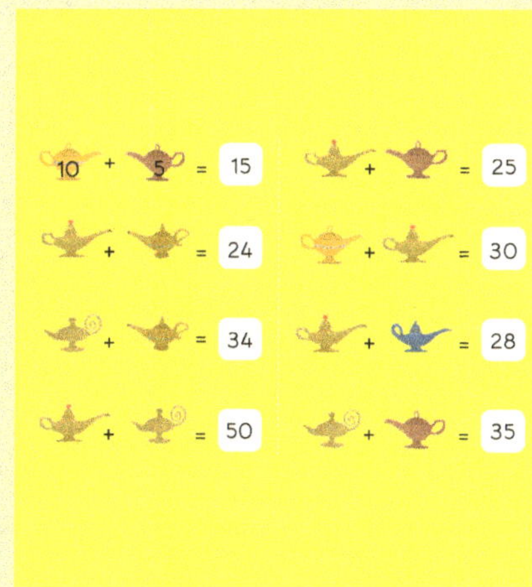

62. Passando por 10

63. Voltando

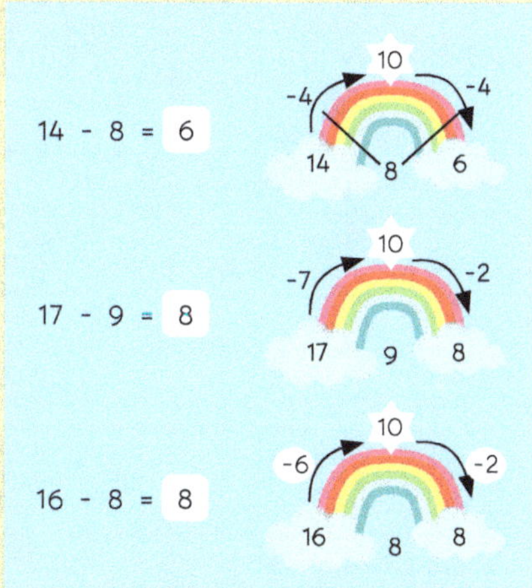

64. Jogo de dino

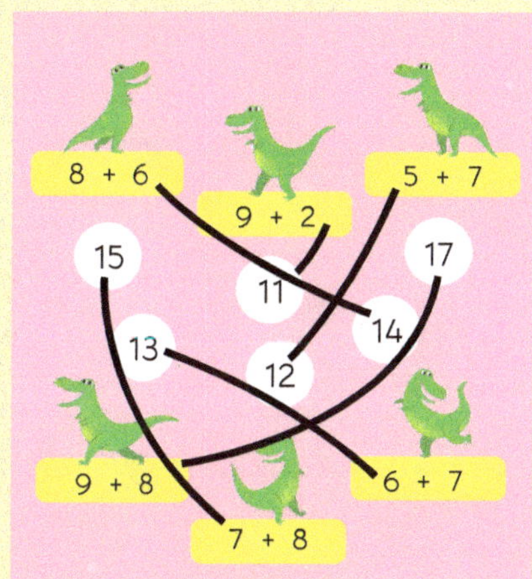

65. Subtraia os sorvetes

54 − 4 = 50   20 − 7 = 13

18 − 7 = 11   12 − 9 = 3

39 − 6 = 33   25 − 4 = 21

66. Coala esfomeado

100 − 20 = 80

80 − 10 = 70

70 − 20 = 50

50 − 10 = 40

40 − 30 = 10

67. Canguru saltitante

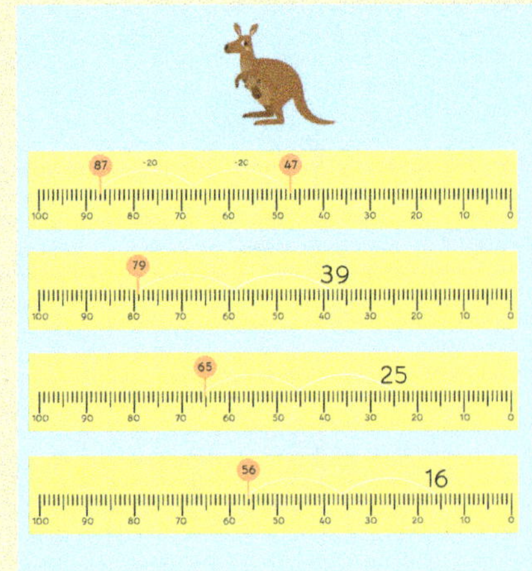

68. Fazendo 100

69. Subtraia de 100

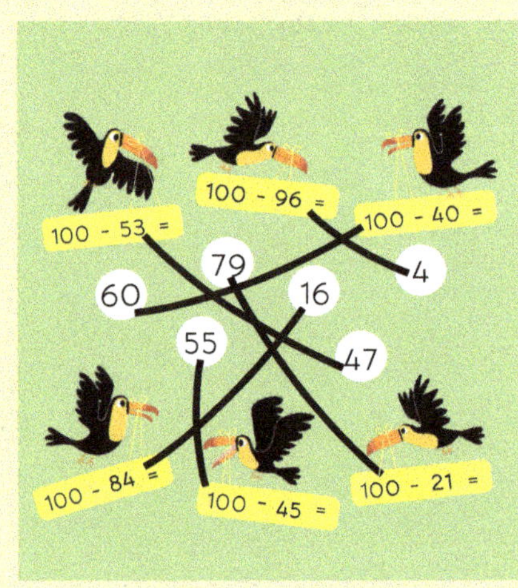

70. O dobro de valor

71. Meio tempo

72. Pirâmides de números

96	+	4	=	100
4	+	96	=	100
100	−	4	=	96
100	−	96	=	4

35	+	45	=	80
45	+	35	=	80
80	−	45	=	35
80	−	35	=	45

23	+	32	=	55
32	+	23	=	55
55	−	32	=	23
55	−	23	=	32

28	+	21	=	49
21	+	28	=	49
49	−	21	=	28
49	−	28	=	21

73. Pirâmides de números

43	+	24	=	67
24	+	43	=	67
43	−	24	=	67
67	−	43	=	24

110	+	50	=	60
60	+	50	=	110
110	−	50	=	60
110	−	60	=	50

15	+	17	=	32
32	+	17	=	15
32	−	17	=	15
32	−	15	=	17

49	+	23	=	72
23	+	49	=	72
49	−	72	=	23
72	−	49	=	23

74. A resposta é 48

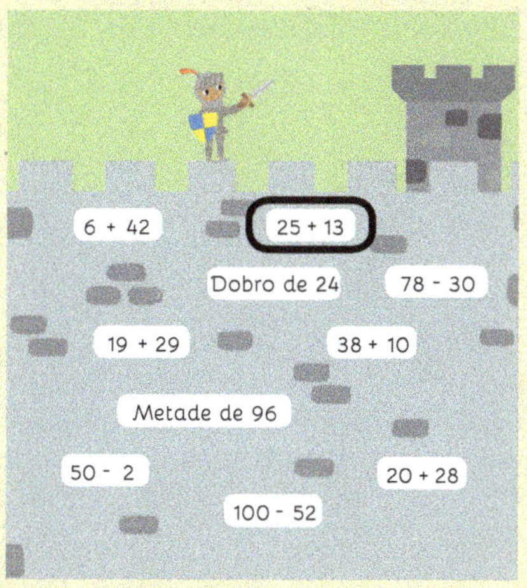

75. Dez a mais e dez a menos

10 a mais		10 a menos
29	19	9
40	30	20
52	42	32
68	58	48
73	63	53
85	75	65
92	82	72
101	91	81
126	116	106

76. Salto no espaço

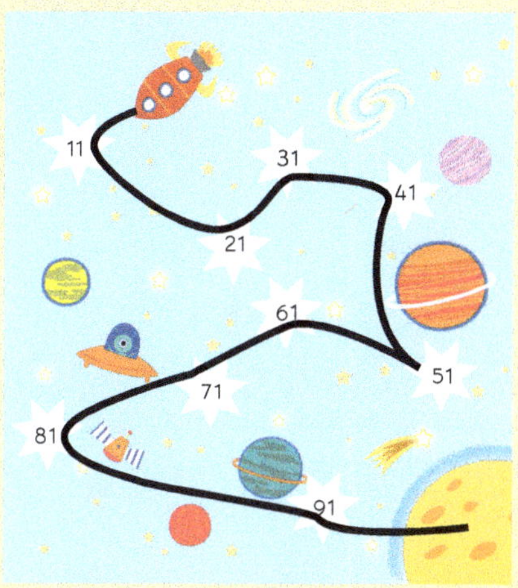

77. A roda gigante

78. Comprando doces

79. Quanto custa?

80. Na selva

81. Centenas, dezenas e unidades

	Centenas	Dezenas	Unidades
6			6
60		6	0
600	6	0	0
10		1	0
11		1	1
111	1	1	1
55		5	5
550	5	5	0
551	5	5	1

82. Números de trens

83. Totais de brinquedos

84. Fui às compras

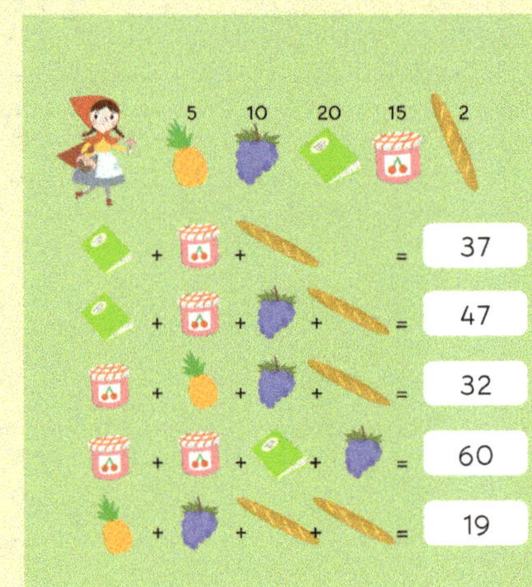

85. Qual é o troco?

86. Hora da brincadeira

www.ingramcontent.com/pod-product-compliance
Lightning Source LLC
LaVergne TN
LVHW071450180726
843512LV00018B/1336